# 오늘은 꽃병을 사야겠다

시와문화 시집 69

# 오늘은 꽃병을 사야겠다

조반느 시집

시와문화

## ■시인의 말

살아 있고 싶어서,
제대로 살아 있는 느낌을
느끼고 싶어서
시를 쓴다
시를 한 편 써 놓고 나면
내가 온전한 내가 되어
꽉 채워지는 기분이 든다
나는 단순한 사람이고
가난한 사람이다
시를 쓰면
생각이 깊어지는 힘을
가질 수 있어 좋고
가난함을 채울 수 있어 좋다

2023년 봄 조반느

|차례|

## 2부 평행 우주

## 3부 오늘은 블랙이 좋겠어

## 4부 숨바꼭질

# 1부

# 인형의 집

# 빈집

열쇠 채워진 집

담장 너머

지붕 위로

까마귀가 늘어난다

초인종을 울려봐요

거기 누구 있어요!

계단을 접었다 폈다

기억의 모래밭으로

소문들이 버석거린다

번호 키를 눌러 봐요!

손가락 사이로 흘러내린 숫자들

분명 인기척이 있었어요

누군가는 아무개지요

## 오늘은 꽃병을 사야겠다

연초록 별들이 내려앉은
버드나무에서
쏟아지는
오렌지 부스러기

회색 가지 위 낭창낭창
목련은 발레리나

붉은 수수 물에 하얀 거품 버무려
소복이 앉힌
라일락 우듬지

쑥쑥 물 드는
연초록 발자국

물 오른 가지마다
번지는 스와로브스키

# 카페 프라하

새 울음소리를 내는
촛불은 박쥐의 시간에서 뒤척인다

동그라미를 그리는 새
카프카는 서울 동선동에 둥지를 틀었다

진한 커피의 목소리에서는
빗소리가 들려
바닥을 치면서 흐르고
타닥타닥 불 냄새도 난다

밤이 이슥해지면
카페 안을 내내 서성이는
발자국 소리

프라하에서 동선동으로 걸어오는
느린 목소리가 비탈진다

## 인형의 집

집에 가면 인형이 내 옷을 입고 있다
나보다 더 나답다
나도 저랬으면…
남편이 눈을 흘긴다
나일까 그녀일까

나는 가끔 나의 밖에서 떠돈다

오늘도 배우를 꿈꾼다
내일도 모레도
모두 잠든 시간이 오면
거실의 동선을 아낌없이 활보하며 배우놀이를 하다
훤해져서야
게으른 여자인 양 숨소리를 안고 잠든다

그녀 때문에 집안이 활기를 띤다
나는 타인의 타인인 척
그녀에게
살갑게 인사를 한다

어디선가 사무실 냄새가 짙다
남편이 낯선 여자 보듯 하는

나는 인형이고 싶다

# 해안선의 각도

치마를 입는다
높이와 폭 사이에 흔들림이 있다
흔들리는 것들에는 눈이 있고
치마는 삼각관계
꼭짓점을 탐한다

거울 속 다른 얼굴을 본다
그와 그녀
사이에 오버핏

통은 쫄을 꿈꾸고
직선은 둥그러진다

치맛바람이 드세다
치마 밖으로 손을 뻗는다
치마에서 바지로 건넌다
치마는 성性을 갖고 싶어하지 않는다

곡선이 직선을 꿈꾸자
해안선이 출렁인다

프랙탈이다

바람 부는 날 치마를 입고 싶다

# 지하철은 샌드위치를 먹는다

모서리는 닫힘일까 모임일까
모임은 금지됐잖아요 욕 나와요
일팔은팔일은팔

이모는 사팔뜨기였다
한눈팔기는 쉬어도 뒤통수에도 눈이 있다는 건 옛말

몸이 가라앉는다
그러면 죽는 건가요 몸은 관이잖아
내 기일은 내가 기입해

달력에는 질투가 쌓여
너 같구나
돌아보면 죽는 거지
때로는 가끔으로 기울어져

아침이 목숨으로 깊게 패인 날
가파른 옷을 입고
바글바글 구피 떼 몰려다니는

수족관 속으로 출근한다

오늘로 무사히 도달할 수 있을까

# 그늘

그늘이 진다고 하면 여름일까
그늘에 말린다고 하면 가을일까

아침은 단색이다
옷 속으로 찬바람이 틈입하면
계절은 바뀔 수 있다

없어서 사고 싶은 간절함보다
있어도 사고 싶은 욕망이
한 수 위다

그늘진 것들에는 가지가 많다
이파리도 많다
그늘은 핏줄입니다
할머니를 닮아가죠

낡아가는 것에는 부드러움이 있다
분리 되거나 떨어지는
이피드가 높아질수록 땅거미는 쉽게 오고

저만치 누군가 부르는 소리는 메아리진다

아버지는 옆집 아저씨 그늘에서 살았다
아저씨 그늘은 울긋불긋했다
아버지가 술꾼일 수밖에 없었던 이유다

굳은살이 면적을 점점 넓혀오고
뜯겨 나간 자리에
깊숙이
또 차오르는

꽃처럼 웃고 나비처럼 팔랑이던
입도 이제는 없다

청소기 파이프 속으로 빨려 들어가
울음을 털어내고 싶은 아침

# 양꼬치와 초콜릿

의자들이 마주보고 앉아 심각한 표정을 나눈다
건너, 건너야 해
같이 걷자
밥 한 번 먹자 커피도 괜찮지
나중에 전화해

너는 오늘의 운세를 뒤적인다
겨울 같은 가을이야
백 년 이래 이런 날씨는
태어나기 전이래
그래도 추락하진 않겠지

빗속에서 택시를 기다리는 사람들
너는 비가 추적추적 내린다고 하고
나는 뚜벅뚜벅 내린다 한다

하루가 곱슬머리다

이런 날은 칼국수지

곤이가 듬뿍 들어간 동태탕이 더 땡기는 걸
메뉴는 니가 골라
초콜릿이 먹고 싶다, 외로운가
이런다고 따 되지는 않겠지

후문으로 들어왔다 후문으로 나가 버리는
사람들은
피보나치로 사라지는가

의자들이 허리를 편다

# 모자를 쓰자

두두둑 비가 내린다
오늘은 모자를 쓰자

모자를 쓰면
목이 깊어지고 말은 어눌해진다

입보다 먼저 손가락이 말을 하고
머리보다 먼저 발이 종종거린다

빗줄기가 거세지고
모자를 눌러쓴 머리는 뒤숭숭하다

바람이 분다
모자를 쓰자

빗줄기가 잦아질수록
세상에 모자를 씌우자

내 안에 숨기 위해 나를 숨기기 위해
너를 엿보기 위해

오늘은
모자를 쓰자

멀리 날아가고 싶은 날
모자를 날리면

둥싯둥싯
모자 속으로 세상이 들어온다

## 봄날·숍 1

오늘은 3월 마지막 날
푹신푹신 다정하고 상냥하게
꼬리를 흔들던 햇살이 사라지는 초저녁
더 선명한 라디오 소리를 따라
푸른 어둠이 차오르는
찰나의 순간,
나는 황홀한 고아가 된다

나뭇가지에 간당간당 매달려 흔들리는 햇살이
꽃잎을 떨군 채
바람 옷을 입고 좁은 골목 비집고 숨지만 어둠에게 잡힌다
빌딩 그림자의 착륙과 오후의 이륙이 교차하는
6시 48분
꽃잎 태운 잔잔한 물 주름이 나른하다
순간 땡그랑,
경박한 풍경 소리에 꿈에서 깬다

우울해요 오늘은 옷을 사고 싶어요 나에게 어울리는 옷 좀 골라 줘요 숍에 들어선 여자는, 55 사이즈에 특별한 드레스만 입는다지만 뱃살은 터지기 직전의 튜브, 엉덩이는 몸

에서 탈출 중 텍사스촌 정육점 불빛 아래서 입을 법한 옷을 입고 명품이라 너스레를 떤다

주절이 구구구
여자의 백일몽은 끝날 줄 모르고

여기저기 물어뜯긴
내 오후의 몽상을 꺼버리는
비둘기 눈을 닮은 여자

훠이훠이 문밖으로 비둘기를 내쫓는다
여자가 사라진 자리엔 새까만 어둠이 앉아 있다

# 성북동 언덕길

조각보 펼쳐진
모퉁이 돌면
비가 토해 낸
아카시아 꽃잎은
배를 꼴딱 드러낸 고양이다

발자국이 쌓인 길
어느 새 언덕이다

오늘 두 발자국 올려놓고
내일 또 한 발자국 보태면 산이 솟는다

오르고 오르고 또 오른다

갑자기 돌진하는 새 한 마리
가슴에 바윗덩어리 쿵 얹히고
목을 조여 오는 울음

가지를 치는 길
너는 어디까지 갈 거니

손잡고 걷던 그때를 테이크아웃하고 싶다

벌레 소리에 귀 기울이는 장미
어둠이 내려앉은 계단을 밟는 가로등
고양이의 동선을 따라 밤이 기울어진다

알람도 지쳐 잠들 시간 발자국은 깊어지고
어둠이 나에게 눕는다

구름의 속도로 걷는다
눈에서 나방이 난다

# 팔당에서 저만치

지는 달을 보며 나갔다가 뜬 달을 보고 돌아오면
몸에서 빨간불이, 꿈벅꿈벅
김 빠지기 직전 압력밥솥이다
몸에서 탄내가 난다

김 빼낼 곳을 찾아
팔당 스타벅스에 가서
왕관을 쓴 초록 여왕과 마주 앉는다
북적거리는 사람들
눈동자를 분주히 움직이며 앉을 자리를 찾는다

명당자리를 원했던 마음은
차가운 강물에 퍼다 버리고
딱딱한 의자에 앉아
여왕의 커피를 마시면 온몸이 말랑말랑
의자까지 말랑해진다

옆 테이블에서
아이들 싸우는 소리 카랑카랑 고양이 발톱이다

깨진 유리 조각 소리가 난다
엄마의 눈빛은 칼날이 되고 아빠의 얼굴은 주먹이 된다

커플들은 속삭속삭 둘만의 공간을 만들어내는 2진수의 힘을 지녔다
내 옆구리에서 짜증이 새어 나온다
아이 발에 자꾸 차이는 가방
눈으로 아이 발을 꼬집는다

긴 생머리 늘어뜨린 강물로 눈길을 돌린다
얇게 저민 강을 바라보며
뻐끔뻐끔 물고기들에게
머릿속 생각을 새알심 만들어 새참새참 던져주고
새의 깃털이 되어 강을 건너
느티나무 위에 앉는다

해가 눈을 감는다
강 위로 검은 천이 덮인다
통유리에 얼비친 또 다른 나와 마주 앉아
뭘 할 건데 묻지만 답이 없다

검은 천에 덮인 강 건너 불빛은
고양이 눈

왕관을 쓴 여자의 커피에서
고양이 똥 맛이 난다

무릎에 담요를 덮어도
시린 마음은 덮이지 않는다

# 2부

## 평행 우주

# 유리공주

유리구슬 심장을 지닌 공주가 있었다
꼬인 실타래를 풀어야
생명을 얻는 공주는
안간힘으로 구슬을 꿰느라
오른 손톱이 왼 손톱보다 더 빨리 자랐다
오늘도 내일도
공주는 고래 장난감을 가지고 노는데
고래는 바다를 꿈꿨다
높이 더 높이
허리를 돌리며 물을 뿜어내는
고래는 제자리만 빙빙 돌 뿐
바다를 찾지 못했다
우울한 공주는
고래가 꿈속에서 뒤척이고
유리구슬이 흔들려
자다가 파도 소리에 깨
유리 눈물을 흘리며 울었다

문득
싸리 빗자루 소리가 들리고

저 멀리 푸른 풀밭이 아지랑이를 피운다
심해의 신비로움도 알고 보면
얕은 도랑물이었던 거지

그래도 내일이 오려 한다는 사실

오늘이 지나야 하는 길이라면
글피에 가서 잽싸게 앉아 있고 싶다

멀찍이
내가 모르는 다른 내가 서 있다

# 마네킹

하루 종일 간지럽던 얼굴
화장을 지우는 순간 모래 알갱이가 버석거리고
발바닥에 박힌
티눈은 가시를 드러낸다

아무렇지 않다가도
밤이면 살아나는
티눈을 파내고 잘라내면
비명이 손톱깎이에 쓰리게 잡힌다

뒤척이는 등에서 나는 소리
쌕쌕 숨소리가 거칠다
시린 바람 냄새

어슬렁거리는 고양이 털끝에
올챙이 꿈이 매달려 안간힘을 쓴다
털을 핥을 때마다
스멀거리는 생선 비린내에서 바람 냄새가 난다

살 속에서 깜박이는

까만 동공이 지나는 곳마다 통점이 찍힌다

널뛰던 고양이가 온몸으로
발을 쓰다듬는
잠의 계단을 밟으면 천국일까 다락일까

# 코로나 블루

달력에서 월세를 내는 말일이 제일 먼저 찾아온다
걸어와도 되건만 항상 뛰어온다
문 앞에 수북이 공과금이 기다리는데
새치기도 잘한다
위풍당당함이 얄밉다
배려도 싸가지도 없다

마스크로 번진 코로나 일상 속
잠든 거리

A4 하얀 종이 위에서 반듯하게 불침번을 서고 있는
'임대' 글자 밑엔
초조해 하던 전화번호가 꾸벅꾸벅 졸고
투명한 유리는 글자를 버겁게 업고 있다
개구리 빨판처럼 붙은 종이짝이
브로드웨이 간판인 양 전염되어 가니
초여름 햇살에도
가슴에 닭살이 돋는다

자정 너머

밤이 깊어질수록
휘파람처럼 밝았던 웃음소리 왕의 목소리도 없다

신발이 어둡다 발소리는 딱딱하다
여기저기
목소리를 잃은 의자들
새들도 덩달아 톤을 낮춘다

옷걸이에 걸려 있는 어제
목이 자꾸 길어지는 오늘
달력의 행간에 쪼그리고 앉은 눈동자

어깨에서 가지가 자란다
새 한 마리 키워도 되겠다

# 무지외반증

코로나가 휩쓸고 간 거리
하루하루 간당간당
벽에 걸려 있는 명태가 눈을 부릅뜨고 몸을 비튼다

가게의 잠긴 문 사이로 어둠이 흘러내린다
찢어진 바람이 분다
어디쯤일지 알 수 없는 곳곳에
크레바스가 숨어 있다

오늘은 어떤 신발을 신어야 하나
들어가도 모자랄 옆구리가 자꾸 나온다
짜인 틀 안에서 옴짝달싹 못하고 꿈틀꿈틀
얇아지거나 늘어나면 맞춤이 된다

어딜 가도 돋보여 꼴불견이다

웃지 말랬는데 자꾸만 웃으려 하니
광대뼈가 나온다
가리면 가릴수록 조이면 조일수록
불뚝, 삶은 문어 눈

애먼 뿔이다
자꾸 입 꼬리 올리면 잘릴 수 있어
가위 소리가 들린다

플라타너스가 잘리고
머리카락이 잘리고
옆집 청년은 직장에서 잘리고
여기저기 무단 투기된 사람들

엉뚱한 곳에 자리 잡아
또 하나의 발가락이 자란다

앞으로 나란히 하지만 옆으로 튀어나와
마주 붙여 보려 해도 만나지지 않고
브이가 커질수록
발에서 마코르 뿔이 삐져나온다

언젠간 잘려 나갈

# 나는 사회 부적응자다

스스로 문을 열어본 적이 없어
타인이 열어줘야 통과했던
옥문 안 20년
태양이 따갑다
토큰은 사라지고 카드는 없어 만원 지폐를 낸다
잔돈 없어요?
국밥집을 찾다 얼떨결에 들어간 식당에서는
벽에 붙어 있던 메뉴판이 테이블 위로 내려와 있다
6.5는 무엇이고 12는 얼마인가
온통 암호 같은 숫자로 된 도시
집을 찾아 가는 길이
2였다가 4였다가, 다시 2115, 그리고 162다
문 앞에서
문득,
플라스틱 수저가 익숙한데
쇠수저의 무게를 견딜 수 있을까 싶어
발길을 돌린다

여기는 낭떠러지다

# 능소화

흐느적, 낭창이는 불볕 속으로
금세라도
빨갛게, 가끔은 분홍지게 날고 싶은 욕망
액자 속 한 폭으로 담아
민화 속 꽃무늬
그대로
액자 속에 넣어 두고 싶은
7월의 한낮
능소화가 핀다

시선 너머로
막 올라온 꽃잎처럼 싱싱해지는 날
눈가에 습하게 엉긴 바람에
색은 더욱 붉어지고
박수 소리 경쾌한 소낙비를 기다리는 마음이
앙코르 앙코르

7월의 담장 위로
꽃개비 붉다

## 시인

너는 눈사람이고 싶어했다
하얀 곰돌이 말이니

길에는 목소리가 널려 있다
받침이 떨어져 나간 소리들

누가 울고 있니

손이 곱다
곱은 손은 품속에 넣으면 달걀이 돼

애매한 한낮
눈이 떨어지고
손가락은 길어지고
머리카락 사이로 이야기가 쌓인다

소설이 되겠구나
나는 시를 써 아무도 읽지 않는

눈 오는 날은 거지가 빨래한다는데

한 숟가락도 안 되는 너의 표정은
입체파 그림이다

일회용의 하루
그림자 진 골목으로 고드름이 길어져
가위가 필요하니

아무도 읽지 않는 시집을 사들고 왔는데 아무렇게나 굴러다니다가
유명해지기를 기다리더니
이미 유명한 책들 사이에 낑겨 있는 걸 물끄러미 본다

차라리 검은 곰돌이가 될 거야
달걀보단 암탉을 꿈꾸는 시인이 되려고

그래도 시를 써

# 미자

푸드덕 푸드덕 내리는 빗방울이 흙먼지를 일으키며
귓속으로 새의 소란을 쌓는다

곤두박질치고 고꾸라지는 방울방울
찰나의 왕관이 된다

첫 키스의 짜릿함을 만나는 순간들은 별빛이다
밤인데도 낮을 걷고
낮인데도 새벽을 달린다

"미자가 죽었단다"
아버지의 눈이 순간 반짝인다
아버지와 아버지 친구들의 첫사랑

비둘기가 똥을 싸대는 나무 아래
무언이 번진다

산새와 애완용 새는 다르다
소년의 미자는 중년의 미자가 아니듯
따가운 새소리는 돌꽃이다

귓가에서 알짱거리는 모기
짜증 섞인 손찌검을 수없이 하다 보니
이른 새벽이 펄럭펄럭

잠을 설치고
아침으로 듣는 새소리는
갈기갈기 찢기는 아픔

빗소리가 새를 날려 보내도
미자는 그대로 미자다

## 평행 우주

너를 보면서 바쁘다는 말은
내 삶 속에 너를 끼워주고 싶지 않다는
재수 없단 소리였어

눈치가 없다

맞다 맞어
그만하란 거였어
다음에 보자
만나기 싫다, 울타리 돌려 말한 거야

세상이 난리굿이어도
봄마다 벚꽃 잎은 피었다 흩날리고
여름에는 동해 바다의 파도가 젊은 피를 유혹해
가을의 뜨거운 색으로 물든 단풍이 중년의 마음을 흔들고
겨울이 되면 인공눈 위에서라도 스키를 타지

아니다 아니다
절레절레 말자 말자 말뚝 박고도
막다른 길까지 왔다가 옹벽을 만난 거야

파도도 갈라지고
꽃잎도 떨어지고
눈도 녹아 물이 되고
단풍잎도 갈색으로 변하니까

같은 문으로 들어갔어도
넌 왼손잡이니까 왼쪽 길로 가
난 오른쪽 길로 갈게
만날 수 없는 갈림길이 있어서 다행이야
헤어짐도 만남이니

# 시츄에이션 A

돈을 어떻게 벌까요
취직해서 월급 타고 통장에 꼬박꼬박 찾지 못하게 두면 모아지겠지
그럼 같이 써도 될까요
그럼요
얼마큼 쓰면 되요
난 조금만 쓸 테니 나머진 다 쓰면 돼요
(알바하며 PC방 의자가 숙소인 아이돌 연습생 미수는 공시생 경호를 만난다)
미수의 사랑은 안도 속에 숨어 있고
경호의 사랑은 초라해 보이는 자신이 보일수록 자꾸 커진다

티브이 속 저 여자들 싸가지 없게 생긴 애랑 재수 없게 생긴 애 있지
이쁘기만 하구먼
그럼 매력 없어
어떻게 해야 매력 있어
나만 비리봐

그러고 있는데
그럼 느끼게 해줘
재밌는 얘기 들려줄게
(엄마 말은 귓등으로 미끄러져 떨어지는데 경호의 말은 귓속으로 골프공 홀인원하듯 박힌다)

(십 년 뒤)
나 당신 아직도 사랑해
당신에게 눈도 줄 수 있고 심장도 줄 수 있어 진짜야
나도 그래

마주 보는 두 개의 문
한집에 있는 데도 멀리 있다

너와 나
귀와 귀가 마주하는
나란히 걷는 두 사람

교통사고 다발 구간에 서 있는 미수
오른쪽으로 가세요 푯말을 읽으며 왼쪽으로 간다

# 일요일

줄무늬 햇빛이 날아오른다
상자 안에 햇빛을 포장한다

출렁이며 튀는 빛 방울들
가위바위보
먼저 오는 약속은 없다

티브이 속으로 구름이 지나간다
리모컨을 꽉 쥔 손안에 오늘이 잡혀 있다

눈은 경마를 타듯
채널과 채널 사이를 달리고
졸음이 득달같이 몰려온다

들어가 자, 아내의 잔소리는
매번 자장가로 들린다

비를 기다리는 사람이 있다
온몸이 점박이다
그늘을 품었다 할 수 있을까

# 벽

잠들고 싶은 거니 그냥 눈을 감고 싶은 거니
아니면 눕고 싶은 거야
눈을 감고 있다가 잠들고 싶어
소금과 설탕을 고루고루 뿌려줘
단짠 단짠 맛나게 자게

(너는 벽이 무너진다, 를 눈을 감는다, 라고 듣는다)

울타리를 벽이라 할 수 있을까
벽은 세울수록 무너지기 쉬어
도미노지

일을 하다 보면
개도 만나고 소도 만나고
아주 가끔
인간도 만나
멍멍 짖어대는 소리에
귀를 기울이다 보니 개미 소리같이 들려
꼬투리를 잡아대는, 또는 우겨대는…

손을 뻗어 봐 이름을 불러 봐
나의 벽은 내가 되고 너의 벽은 네가 돼
벽을 친다고 쓰고 치운다, 라고 읽으면
빗속에서 무지개가 뜬다

벽을 넘으면 우리가 되고 벽을 쌓으면
새들이 숨어
웃어 웃어 봐
힘들면 입꼬리라도 올리고
바르르 떨리는 게 들키면 하수야

수직으로 오르는 것은 날개가 있어
날개를 벽이라 한다면
나비는 벽의 몸통이다

햇빛을 그림자의 벽이라 한다면
가슴은 나의 벽이다

심장에서 불이 나도 절대로
입 밖으로 연기를 내뿜지 마

한낮으로 꽃들이 무너질 거야
1절이 있고 2절이 있어도
너는 매번 후렴부터 시작이야

잠들고 싶어
눈을 뜨고서라도 잠들어야겠어

# 마주보기

돌아서서 마주 보며
삼킨 말들이 흘러나올 때 얼굴은 열린다

일어났어
자야 할 시간이야

별들처럼 눈을 떠 봐
손뼉을 쳐 봐
왼쪽은 오른쪽이야

마주보기는 채움이다

내가 나와 마주할 때
환해지는 꽃

두레박을 내려 봐
딸려 나오는 것들은 모두 꽃이야
일이 이가 되고 삼은 사가 되고
그럼, 구는 영이 되는 거네

우리는 동그랗다

새들이 강에서 배치기를 한다
가슴이 부푼다
민들레 홀씨 하나 동그랗게 날아오른다

# 은어

네 말이 깊어진다
물고기가 희번덕거린다
돌 틈 사이로 재잘거림이 무늬진다

고양이는 그릉그릉 목멘 울음 울고
밤새들이 따라 울고

어둠이 꽉 찬 공간에서
너와 나

저녁 말이 야시시하다면
아침 인사는 무뚝뚝하다

안녕이라는 너의 말이
집 앞 플라타너스 가지에 걸려 있다

이파리 하나가 떨어지면
길은 엇갈리고 그립다는 말에 달라붙는
은어 떼

목소리가 쌓인다
눈동자가 후두둑거린다
그림자진 곳마다 눈길이 뜨겁다

나에게 플랜 B는 항상 너였다

잠 없는 잠 속에서 기다리고 있는
한 사람

뒤숭숭할수록 꿈은 많아지고
깊은 잠 속으로 발가락이 길어지고

나는 지금 회귀 중이다

# 징검다리

달력에 너의 손가락이 어려 있다 동그랗게
파란색, 빨간색 가끔은 초록색
월요일이거나 수요일

오늘은
공휴일인가 일요일인가
국경일이어도 괜찮아

달력에 너의 얼굴이 어른거린다
하얗게 까맣게
손 있는 날과 손 없는 날
사이로
걸어가는 한 사람
가슴이 도끼 도끼하다

달력 위를 달린다
징검다리를
달릴 때는 내가 사라진다
그거 알어?
사라진 내가 진짜 나 같은 거

너와 나
명백한 것도 간단하지도 않은
겹겹이 쌓인 크루아상마냥
결코 한 겹일 수 없는

우리의 관계는
지옥일까 천국일까
어딘지 모르지만 징검다리를 건너는 중

# 중환자실 양구 씨

봄은 더뎌 여름에 오고 겨울은 서둘러 가을에 오는
검은 호수 카라쿨, 물고기가 살 수 없는

쿵, 했을까 앗, 했을까
고삐 풀린 의식이 떠내려가는 시간 속에서
현관문 비번 누르는 소리 간절했겠지

가시에 걸려 있는
숨소리,
일상의 지문은 소금 기둥이다

누구의 아들도 남편도 아빠도 아닌 채로
잠자는 나사로

쉽게 발을 떼지 못했던 가을
억수 같은 찬비의 재촉에도 겨울은
봄으로 문턱을 넘지 못하고 문 앞에서 서성인다

바닥에 수많은 말들이 쌓이고
퍼즐을 맞추지 못한 단어들은 조각으로 나뒹군다

바람에 밀려 떨어지는 낙엽
바스락 소리는
살아있는 자를 위한 위로인가

수북이 쌓인 미아리고개 철학관 사이로
파란빛 십자가가 손을 흔든다
나사로야, 일어나라!

# 3부

# 오늘은 블랙이 좋겠어

# 히말라야 깡충거미

새들이 나는 것을 건넌다고 한다면
오늘은 어떻게 건너야 할까

커피는 아침을 건넌다
커피에 빠진 작가가 있다
플로베르는 커피를 건너뛴 적이 없다

속도 때문에 많은 것들이 죽어간다
몸의 50배나 긴 거리를 뛰는 4미리 깡충거미
눈은 여덟 개 거미줄조차 치지 않고
해발 7,000미터 히말라야를
건너고 건너뛰어
바람에 날려 오는 벌레만을 기다리는
에베레스트 산 정상의 우두머리

눈이 없는 계절은 겨울을 건너뛴 건가
요즘 봄도 건너뛰는데

나를 건너는 그림자가 있다

너를 건너면 무슨 역이야

바람이 분다
나를 건너야 내가 있다

오늘을 건너는 게 달일까 해일까

# 말言語

날씬해 보이나요 거울 속에 비춰 보면 내가 아닌 거 같아
거울아 거울아 진실을 말해
사과를 가져오면 될까

거울 속에 가득한 말들

햇빛이 우주의 말이라면
죽은 사람의 말은 어떻게 적나요
동문서답이야말로 진실이에요
마음에 가라앉은 것들에서
삐죽이 나온 말은 새싹일까 구더기일까
남은 말은 군말이 되기도 하지만
진실이 되기도 한다
얼굴을 바꾼 거잖아요

속도 위반을 하는 말이 있다
금세라도 울먹일 것만 같은
무거운 말들은 냄비에 졸아들어 새까매지고
수입신 말들은 커피 잔에 둥둥 떠다니죠
중천장 하늘에 가득 낀 목소리들

비가 내릴 것만 같다
비는 우주를 번역하죠
비 한 방울 속에 별들이 움트고

손가락이 많은 말
프리는 공짜일까 프리덤일까
넙적한 말과 뿌리 달린 말
보폭이 긴 말
어떤 말은 천 냥 빚도 갚는다는데
옛날 말이겠죠
지금은 당나귀 귀가 필요해요

고개를 돌려봐요 눈을 깜박여 봐요

# 꿈

어쩌다 밤잠을 설치고서
어쩌다 너를 만나게 됐다
내 꿈속에 어쩌다 네가 들어오고
어쩌다-애인이 되어 가까이
늘 가까이
계절의 한 중간에서 어쩌다 바다를 보러 갔을 때
어쩌다-우리는 깊어졌지

바다는 파랗게 울렁였고
내 마음은 어쩌다 파도를 쳤어
텐트 안에서 어쩌면 과거를 나누고
어찌어찌 하여 밤 속으로 새까매졌다

어쩌다-우리는 뜸해졌지
뜸은 틈이어서 많은 사물들이 중간에 들어와
어쩌다 뻔한 관계가 됐지
그때의 바다는 아직도 요동치는데
빗소리에 묻어 있는데
새가 어쩌나 날 때 기억 몇 줄기
빗방울처럼 떨어져도

어쩌다는 저쩌다일 뿐
아무 일도 일어나지 않았고
거짓말처럼 꽃도 피었다

너는 사과 꽃
나는 복숭아 꽃

어쩌다-애인은 잊혀지고
모래바람이 불어와 어쩌다 함께한 시간을 먼지로 덮어 버리지
어쩌다 거울을 보면 낯선 듯 알 만한 사람이 있어
너를 만나는 건 우주 속의 별 하나를
손가락으로 가리키는 것

어쩌다-애인이었던 너와의 사이엔 강물이 흘러
강이 깊어졌고
나의 별이 행간에서 어쩌다 반짝였다

# 직육면체의 산

보문로 약국에서 봉다리 슈퍼로
느리게, 더 느리게

바퀴를 굴리는 손
파란 손

별이 되는 비탈길
달이 지는 언덕길
고불고불 라면 길

다리에 힘을 주면 길이 자란다

기역으로 허리 굽은 노새
15,000원을 굴리는 바퀴

직육면체를 모아 모아 집을 만들고
포개고 포개 빌딩을 세운다

네모가 모여 벌십이 되고
벌집은 성이 된다

횡단보도를 건너는
직육면체의 산

차들 사이에서
섬이 되는

# 오프 타임

저승에서 벌어 이승에서 쓴다
숨비소리 호이호이

재연배우 하느라 바빴던
꿈이 피시식 빠져나간 자리

창밖으로 은행이 툭 툭 익어간다
겨울로 가는 길에서 갈팡질팡 하는 마스크들
옆집 초인종이 세상 밖으로 손짓한다

누군가는 아무도 아니다

길 건너 문 닫힌 오프 타임off time 패션숍에서
마네킹은 아직도 여름옷을 입고
도도하게 창밖을 내다본다

숍 안에서는 여름이 내내 길어지고
밖에서 은행은 저 홀로 익어
턱, 턱,
낙엽의 시간으로 떨어지고

흥정이 사라진 거리
가끔이라도 켜지던 조명도 없는
오프 타임

턱까지 차오른 숨비소리가
계절을 흔든다

# 오늘은 블랙이 좋겠어

비가 온다

라일락에 아카시아를 버무려 놓은
커피 향이 코끝에 에인다

감았던 눈을 뜨자
몸 여기저기 구멍이 뚫리고 길이 열린다

커피는 사탄의 음료였다지
커피를 먹은 염소가 날뛰었다면
세례를 받고 다시 태어난 커피를 위해

하늘을 나는 게 좋겠어
새가 될까 벌이 될까

오월, 향기를 따라온 벌 떼
서글픈 파도 소리를 낸다

커피 잔에 하루가 고인다
빗소리를 만날 시간이다

## 두통

수압이 약해 가게 변기가 종종 막힌다
종종은 늘상이 되어
생활로 가득 채워진 물길
숨구멍을 찾으려 뚫어펑으로 퍽퍽퍽
앞으로 뒤로 흔든다
달그락 달그락
절레절레
돌멩이 하나라도 뚫고
빠져나오면 살겠다

내 삶 어디에 가시가 걸려 있는 걸까
아침부터 변기를 뚫는다
어디서부터 뚫어야 할까
굳어가는 몸에서 비집고 나오는 하품
애매함은 뱉지도 삼키지도 못한다
마음대로 버려지지도 않고 꽉 막혀버린
머리통을 망치로 두들기고 싶다

잠 속으로 몸을 버려주세요
낯선 손님의 목소리, 나를 뚫는다

# 정육점 고씨의 여름

깊고 무거운 숨소리가 유리문 가득
덕지덕지 얼룩져 있다
알전구는 하루살이 얼룩으로 까맣다
고기에 인생을 걸었다던 정육점 고씨는
며칠째 보이지 않고

길어지는 코로나 터널의 끝이 보이지 않아
발자국이 지워진 보도블록 사이사이
개여뀌가 뭉성뭉성
초록 이끼는 담벼락에서 지도를 넓혀간다

기다랗고, 길고 긴 장마

여름을 잃은 바다
물구나무 서는 길
새들조차 전선 위에서 외줄 타기를 한다

더 이상 나란히는 없다
결국, 낙오하는 사람들

절뚝거리는 여름
숨어버린 달
사람이 뜸한 골목으로 마스크만 흩날린다

그림자가 곁에 와 눕는다
버텨내지 못한 가족도 따라 눕는다

# 귀뚜라미

아이들 가방은 깊어지고 엄마의 귀는 얇아지고
열대야는 멈추지 않는데
블랙홀에서 탈출 못한
계절의 사잇길에서 울고 있는 귀뚜라미

선풍기가 돈다
지구가 돈다
나도 돈다

지나가는 밤을 잡을 수 없어
다가오는 아침을 멈춰 세우지 못해

기뚤, 기뚤
흔들리는 계절

큰 파도 요동쳐야
고요한 물결이 따라온다

까만 골목길 부둥켜안은 연인은
더 간절하고

늦은 귀가 서두르는 발걸음을
더 재촉하는
밤을 건너는 소리

일수 전단지처럼
가을의 문틈을 기웃거린다

지구가 블랙홀에 빠진다면
각설탕 크기가 될 거야

그때,
오는 가을에 행악질하는 매미 소리에
귀뚜라미 소리
곁눈질하며 뒤끝을 흐린다

기또르 기또르

# 성북천

천막처럼 출렁이는 하늘
바람은 여름 밖으로 불고
플라타너스가 무수히 손을 내밀고

회색빛 하늘에서 우는 까마귀를 따라
성당 쇠종이 운다

세 박자 다섯 박자
공중을 버린 새가 있다

길은 잃어도 돼
생채 비가 우드드득
건너편으로 우산도 없이 카프카가 지나간다

비는 바다로 흘러갈까
콜라병이 비를 모은다
저만치 카페 프라하가 손짓한다

성북천 물소리 따라 걷다보면
한빛다리 늘벚다리 여울다리 하늘다리 바람마당교 아래로

백로는 낮게 날고
달개비꽃은 고개를 바짝 쳐들고

꺾이지 못해 부러진 자를 위해
윤슬이 난다
오늘이 더 투명해진다

# 영영

오늘도 영이 많은 날이다
장사도 공쳤고
운수도 영 그렇다
공을 차버리면 사라질까 멀어질까
튕겨서 다시금 내게로 올까

꽝꽝 목소리가 부서져도
빌딩 유리창으로 햇빛이 굴러떨어져도
벌개미취 쑥부쟁이 구절초는
가을하다

선은 면을 꿈꾸지만 면은 얼굴에서 녹는다
미소가 번진다

식탁 밑에서 감자가 존다
서로의 수분을 빨아먹으며 주름진다
날이갈수록 더 쪼그라진

손을 호주머니에 넣는다 부스러 소리도 숨는다
길 건너

저만치
햇볕에 공그리며 앉아 있는
고양이 한 마리
목소리 잃은 동그란 눈이 영이다

빈 택시가 경적을 울리며 느릿느릿
빵빵 지나간다
동글동글 떠가는 불빛들

# 다육이

당신 괜찮겠어
다각형으로 접히는 봄날
동그란 눈으로
오늘은 당신을 위해 돌에 싹을 틔울게

접시가 둥그렇다는 건 잘못이야
물이 컵을 찾을 수도 컵이 물을 찾을 수도
냅킨이 손을 찾다 물과 함께 증발해 버려
물에 젖는 것은 쉬운 일이지
사라진 바람을 불러줘

전선이 숨어 다니는 길
눈썹을 하얗게 하고서
어둠을 켜봐

랜선으로 온 벚꽃이
봄보다 먼저 화사하게 웃지만
활짝 핀 웃음은 오 그램뿐

목련 꽃잎은

늘어진 개 혓바닥인데
당신 웃을 수 있겠어

부서지는 햇살 바람 모두 주워와
간지럼을 태워줄 테니
입꼬리라도 올려봐

납작한 돌이 물제비로
수면 위를 날아다니고
세상이 말랑해지는 순간
돌에서 꽃이 필 거야

# 왼손잡이

내가 키운 꽃나무는
오른손을 버겁다고 했다
고양이 발톱 같은 목소리를 변주해 달라고
목소리의 보폭을 줄이라며
귀를 잠갔다

물 반 컵에 네 얼굴이 들어있다
쏟아버릴까 말까
물을 마신다
내 입술이 닿자마자 깜짝 놀라는 건 너일까 컵일까

군대 간 아이는, 지금 총을 쏘고 있겠지
백발백중 포상 휴가도 누릴 수 없는 코로나 시대

손에서 흔들리는 컵
물은 물이다

내 안에 손잡이가 있다

돌 틈에서 민들레가 핀다

## 너도 피어라

같이 있으면 어긋나기 쉬어
너에게서 반 발자국 나에게서 한 발자국
우리는 거리 두기를 했지

앞서거니 뒤서거니
홀씨 되어 떠나는 길에 바람을 불어줄게
그땐 꽃밭에 피어라

너에게서 나를
나에게서 너를

훠이 훠이
전선을 타고 달려온 목소리가 나를 껴안는다

# 잠으로 쓴 시

늦은 밤
어둡고 후미진 길을 따라 귀가해
골방에서 시를 쓴다

알전구가 떠도는 잠속을 헤엄치다 보면
물고기 눈이 말똥말똥
하품으로 해먹을 만들어 물고기를 재우고
다시 시를 쓴다

벽에 찍힌 단추 눈이 실눈을 뜨고
빼꼼히 나를 내려다본다
연필로 실눈을 긋는다

남편의 코 고는 소리가
뜀틀을 넘고
미끄럼틀을 타고
롤러코스터를 탈 때쯤
머릿속은 굳어버린 찰흙이 된다

시 속을 헤맨다

책상 위에 또 다른 얼굴이 무늬진다
바깥에서 부지런한 별들이 창문을 노크하면
잠이 품으로 파고든다

뒷목이 따끈하다
목이 긴 햇빛이 골방을 비집고 들어온다

## 거울 방

그림자가 일어서는 시간
갇힌 방에서
목이 긴 것들은
실낱의 무게로 떠돌아다니고
온몸으로 기어다니는 머리카락들
푸른곰팡이가 숨구멍에 뿌리를 내리고 꽃을 피운다
빙글, 돌아가는 뒷모습

눈과 귀가 없어진다 해도
알을 까고 싶다

한때는 나의 왕실이었던
방이 점점 좁아져 나를 기억하지 못해
나는 거울 속으로 녹아든다

찌르레기가 창문을 벌겋게 물들이고
나무는 세상의 뼈인 양 키를 키운다

내일의 횡단보도가 보이지 않는다

# 4부

# 숨바꼭질

## 북한산 1

발을 내딛는 순간

기세 등등 천군만마의 함성

매미소리에 떠밀려 파도 속으로 맴맴
찌를래 찌르르
칭칭 치이 치이 치이다
쓰르르 쓰르 쓰르 쓰레기
챙챙 챙겨 가~

무대 위에서 멈칫 멈칫

불판 위의 오징어

작아지고 작아지고

사라져갈 때쯤 들려오는

환호와 박수갈채

오르고 올라

바위에 길게 눕는다

하늘이 넓게 이불을 덮는다

# 엉겅퀴 꽃
## -큰아이에게

너는 민들레를 키우고 싶다 했고
나는 대나무를 키우겠다고 했다

너의 그림자에 울타리를 쳐주고
덩굴로 나가려는 너를 묶어주고
너보다 키 큰 나무들은 뽑아버렸다

너에게 건넸던 모래알보다 많은 말은
길바닥에 버려졌고
나에게 돌팔매로 돌아온 말들은
나뒹구는 돌멩이가 되었다

초점 없는 너의 눈에서 하루를 보낸다
눈이 출렁인다
낭떠러지에 걸린 눈망울
나는 온몸으로 중심을 잡는다

이젠 민들레도 보이지 않고
대나무도 키우고 싶지 않다

모래바람 이는 돌에서 가시가 돋는다

내일에다 내일을 곱해도 오지 않는 날
내 가슴으로 낙타가 지나간다

하늘엔 여전히
새엄마 같은 달이 떠 있고

토끼는 달을 삼키고 새끼를 밴다지
오늘을 삼키면 내일이 올까

# 북한산 2

눈 내리는 산길을 걷는다
천사의 날갯짓인 양
내리는 눈
폭신폭신 쌓인 길을 걷는다

삐긋삐긋
뽀드득 뽀드득
퍽퍽
푸석푸석

산울림을 따라
설금설금
홀로 걷는
산길

나를 오롯이 만나
상처에 새순을 돋게 하는
털레털레
내려오는 길

하루 종일
행복해도 되는

## 대추나무에 걸린 것들

앞마당에 멍석이 깔리고 큰상이 여러 개 놓이고
대문으로 어른들이 쏟아져 들어올 때마다
아줌마들의 손이 바빠진다

김이 모락모락 나는 국그릇을 옮기고
부엌 가마솥에선 윤기 좔좔 흐르는
하얀 쌀밥을 퍼 나르고
마당 귀퉁이에선 솥뚜껑에 돼지기름 두르며 부침개를 도닥거리고
뒤꼍 우물가에선 달그락 달그락 소리가 끊김 없다

아, 오늘이 잔칫날이구나
일곱 살 아이는 또래들과 '잡기 놀이'를 하며 깡총깡총 뛰고 싶었지만
먹구름에 둘러 싸여 경중경중 뛴다
잔칫날인데 어른들은 말수도 적고 웃지도 않는다
바윗덩어리 무거운 표정들이다

그래도 아이는
북적거리는 사람들에 그저 신이 났다

잔심부름이라도 시키면
중요한 사람이 된 양 어깨가 절로 으쓱, 하는데
엄마가 보이지 않는다 많이 바쁜가보다

순간, 사랑채로 가는 길목 저만치 우뚝 서 있는 대추나무가 엄마처럼 보인다
대추나무엔 풀색 대추보다
홍옥처럼 빨갛게 익은 대추가 훨씬 많다
곧 떨어질 빨간 대추만큼 많았던 동네 어른들이
풀색 대추 같은 아이에게 자꾸 쯔 쯧쯧 혀 끝 소리를 낸다
집안 가득 메운 어른들 속에 엄마는 없다

귀뚜라미가 메뚜기가 뛰어 노는
골짜기에 엄마가 묻혔다
무덤에선 엄마 대신 방아깨비가 뛴다

언니가 운다
언니가 우니까 따라 운다
언니가 자꾸 운다
나도 자꾸 운다

언니는 암것도 모르면서 운다고 타박한다

일곱 살 아이는, 이제
엄마의 나이를 훌쩍 뛰어넘었다
나보다 어렸던 나의 엄마가
마지막 순간에
아궁이에 불을 지피며 가마솥에 밥을 지으며
닭장에서 계란을 꺼내오며
텃밭에서 부추를 뜯으며
싸리 빗자루로 마당을 쓸며
햇살 가득한 날 빨래를 널며
붉은 고무 다라에 따뜻한 물 받아놓고
어린 자식들 목욕을 시키고
언니의 긴 머리 양 갈래 땋아주던
그 시간의 숨결들이 얼마나 그리웠을까

소풍날 언니에겐 가을 하늘처럼 파란
원피스에 파란 구두를
니에겐 앵두처럼 붉디붉은 원피스에 빨간 구두를 신겨
놓고

아이의 양팔을 두 손으로 쓰다듬으며
들국화 미소로 마냥 흐뭇해 하던 엄마의
살가운 눈길과 따뜻한 손길이
아이를 여기까지 걷게 했다

일곱 살 아이는, 오늘
엄마가 못 살아본 나이를 살면서
살랑살랑 치맛자락 바람결에 날리며
따사로운 햇살 가디건에 가득 담는다

# 달 그림자

기억의 끄트머리에서는 꽃이 핀다죠
토끼가 달을 삼키는 걸 뭐라 하죠
조개겠죠
소녀들이 길거리를 방황하는 것도 다 달을 못 봐서라면서요
요즘 밤은 한없이 얇아져
달을 띄워 올릴 수가 없어요
조각 난 달들이 떠 있는 게 별이죠
별이라도 보면 좋으련만

새가 우는 걸까요
노래하는 거겠죠
밤으로 가는 기차를 타본 적 있어요
소설 말이에요?
영화예요
한밤에 옥상에 올라가서 하늘을 쳐다봐요
밤새가 날던가요
우편함을 찾는지도
목소리를 죽인 소리들이 전선에 주렁주렁 매달려 있쇼

누군가 혼자서 애를 낳고 있어요
항아리에 약속은 몇 개쯤 담가뒀나요
쥐들이 감춰놓은 구슬이겠죠
사람들마다 하나씩 감추고 있죠
불 켜진 창이랑 불 꺼진 창문 중에 어느 곳이 행복할까요
하룻밤에 꿈은 몇 개나 꿔요
요즘 꿈을 갖고 사는 사람이 있어요
보름 쪽으로 기울어지면
길이 열리는 날이에요
어두우면 길이 없는 줄 알겠죠
자전거를 준비하세요

## 옛집

양평군 용문면 덕촌리 76번지 사랑채 행랑채 뒤채
그리고
기역자로 된 안채, 붉은 기와지붕
대청마루엔 큰 기둥 두 개가 기와지붕을
욕심껏 받쳐주고
기둥은 소녀의 품안에 다 안기지도 않았고
장롱에 숨으면 아무도 못 찾았다

새벽종이 울렸네 새아침이 밝았네 너도나도 일어나 새마을을 가꾸세
새마을 지도자가 된 아버지가
새마을 운동에 앞장서서
사랑채 외양간을 부수고 지은 양옥집
1977년 손아래 여동생이 태어나던 해였다
양옥집을 닮아 언제나 서울 아이 같았던 여동생은
동네사람의 사랑을 몽땅 차지했다
소녀 눈에는 천사였다

우리는 안채에서 피난민처럼 지냈다
빨리 이사 가고 싶어 들떠 있는 마음을

아버지는 모르는지
새로 지은 2층 집으로 세간살이를 옮기지 않고
거대한 2층 집을 빈 집으로 내버려두었다

양옥집 곁 한옥은
뒷방 노인네가 된 먼지와 거미줄만 무성한
흉가가 되었다
큰오빠의 사업자금으로 양옥집을 떠나야 했던
그 순간까지도
안채는 곁에서 겨우 겨우 늙은 숨을 쉬고 있었다

그 집을 떠나던 날
살아생전 할머니가 애지중지 가꿨던 뒤꼍
텃밭에서
한가득 피어나던 내 머리통만한 작약이 뿌리째 뽑혀 널브러져 있었다
백목련 자목련 부부가
하늘에서 내려온 장승처럼 서 있었는데
무릎이 꺾여 쓰러져 있었다

아버지와 어머니 숨결이 팔락거리고
빗자루와 걸레에 묻어 있는 할머니의 손길이 차가웠다
나는 뒤돌아보고
또 돌아보며
그렁한 눈으로 인사를 했다

## 시추에이션 B

-비집고 나오는 땀이 찝찝해
 땀이 나온다는 건 몸이 열려 있다는 거야
-닫혀도 겨울이 좋아 넌
 꿈틀꿈틀 모든 게 살아 움직이는 여름이 왕이지
-햇빛이 있는 자리는 앉기 싫어
 내가 앉을 게 뜨뜻한 느낌이 너무 좋아
 노골노골 녹는
-기미 생겨 자외선은 저승꽃을 심어놓을 거야
 어떤 꽃이라도 좋아 꽃이었던 적이 있니
-피부 미인이 미인 중에 갑이야
 갑으로 살아보지 않아서 을이면 어때 빛이 좋아
-갑갑한 걸 못 참아 목티도 안 입어 브이넥을 입지
 허전한 게 싫어 목티를 입어 안정감이 능률을 줘
-조이는 기분에 숨이 안 쉬어지는데
 목주름이 많아지면 여름에도 터들을 입게 돼
-조끼 입는 건 좋아해 등이 시리거든
 옆구리 살을 가려야 안정감이 드는 건 아니고
-빙고

# 봄날·숍 2

나는 어제도 오늘도 기다리고 있다

조명을 받으며 옷걸이에 걸려
우아한 자태로

숄더 니트 탑 레이어드 니트 탑 포켓 크롭 셔츠 … 와이드 데님 팬츠 배기 팬츠 하이웨스트 데님 팬츠 … 플리츠 스커트 튤 레이어 레이스 스커트 … 트위드 자켓 벨티드 트렌치 코트 시스루 원피스

색 바랠라 햇빛은 어닝으로 가리고
조명빨 받아라 한낮에도 알전구들이 천장에서 눈을 밝힌다

옷들은 언제나 너를 기다린다
어디쯤 오고 있는 거니
걸려있지 않고 걷고 싶다

# 바람 빠진 날

오늘은 엄마의 제삿날

나의 눈빛은 가물거리는 물안개
아직도 나의 목소리는 자갈밭에 눌려 있다

비탈을 가파르게 올라가는
햇빛이 들지 않는
개 짖는 소리만 들리는

일어나려다가
흐느적 흐느적

세포 하나하나가 눈을 뜬다

성을 짓는다
햇볕이 강아지가 꼬리를 간질간질 흔들어대고
구름다리를 지날 수 있는

내일은 아들의 생일이다

## 숨바꼭질

빚을 받으러 온 사람들이 대문을 도끼로 내리치듯 밀치고 들어왔다
니 아버지 어딨어 어딨냐고,
첫서리 살얼음 품은 표정들

올망졸망 눈만 똥그랗게 뜨고 우리들은 서로가 겹치도록 똘똘 똬리를 틀었다
염려 말어, 툭하면 내뱉던 아버지는 그 염려를 고스란히 우리에게로 떠넘기는 재주까지 지녔다

성난 발걸음은 발자국을 찍으며 집안을 뺑 튀겼다
겁에 질려 샴쌍둥이가 된 눈에서 우박이 뚝뚝 떨어지는 우리들은
그늘진 구석에서 종이꽃이 되었다

뒤꼍, 산수유나무가 빼꼼히 얼굴을 내민다
바실바실 벗겨지는 몸뚱이, 쭈글쭈글 앙상한 가지는
엄마를 닮았다

어두운 골방에서

신음하던 숨결을 서랍 속에 가두고
나에게 들려준 나긋한 목소리도
엄마의 숨소리조차도 거짓말이었다

어느 날 엄마는 나에게
술래를 시켜놓고 꼭 꼭 숨었다
'못 찾겠다 꾀꼬리' 소리치고 싶었는데
밥주걱으로 꾹꾹 눌렀다

닭들에게 모이를 주던 앞마당
부풀리고 부풀려진 바람 꽉 찬 꽈리를 따던 뒤곁
옥잠화 줄지어 자라나는 우물가로
엄마를 찾아다녔다

사람들이 썰물이 되어 떠났지만
엄마의 머리카락 한 올 보이지 않았고 숨소리도 들리지 않았다
여기저기 거짓말들만 팔랑거렸다

# 실족

자유소극장 지하로 내려가는 계단
꼭대기에 서서
노을 진 하늘을 잠시 밟았을 뿐인데
드 드드 득, 득 득 득 드드드
계단을 구르는 몸은 마네킹
부푼 멍이 먹먹하고 얼얼하여
쓸리고 찢긴 곳곳에서
가을 물에 단풍져
붉은 물이 물컹물컹
메마른 하얀 휴지는 금세 코끼리 몸집이 되었다
그렇게 어둠이
막 내린 공연장에 들어서니
관객들의 시선이 내게로 꽂혔다
잠시 주인공이 되어
욱신욱신 끙끙 신음소리를 관객들의 어깨에 눕혔다

"노래로 불러줘"
배우가 한 마디 떨구는 순간
양귀비 꽃잎이 온몸을 휘감았다

# 삼월

왜 이렇게 더부룩하죠 더부룩한 것들에는 오후의 소리가 웅성거린다 뱃속에 웅크린 것들 얼음 낚시 해본 적 있어요 나는 바닐라 맛이 좋아요 아이보리는 무슨 계절이죠 계절을 타는 창문이 있다 풍경은 그림이었다가 바람이었다가 불은 켜져 있나요 두드려봐요 눈을 뜨고 있나 일기장이 펼쳐져 있어요 오늘의 깊이를 재볼까요 아직 더부룩한가 봐요 당신의 목소리는 몇 미터입니까 수심 백 미터에서 올라온 문장이 있다 지금 일기 쓰는 거 맞죠 우리 사이엔 창문이 많다 제 일기장에는 물고기가 너무 많아요 수다가 많은가 보죠 말하는 물고기거든요 먹이를 너무 많이 먹었어요 더부룩한 건 시간이 해결할 거예요 기억을 내려놔 봐요 일기를 그만 쓸까 봐요 봄이 되면 사람들의 얼굴이 일기인데요 뭐 누가 3월을 봄에 넣었나 몰라요 그쵸 아직 겨울바람이 그대로인데

■해설

# 불확실한 시대에서 길 찾기

전 기 철
(시 인)

## 1

조반느 시인이 시를 쓰기 시작한 때가 2019년이다. 그런데 이때는 코로나 바이러스가 우리의 경제, 사회, 문화를 지배하기 시작한 때다. 우리의 생활이나 의식이 팬데믹에 지배당하고 있는데 조반느 시인은 왜 이때 시를 쓰기 시작했을까? 팬데믹으로 인해 갈수록 서민들의 살림살이는 말할 것도 없고 인간의 의식이 초토화되어 간 이 시기에 왜 시인은 시를 적극적으로 써 보겠다는 마음을 먹었을까? 그것도 다른 장르가 아니라 왜 시였을까? 그는 연극 활동을 오래 해 온 걸로 필자는 알고 있는데, 왜 시로 전환했을까? 연극이 문제를 분명히 파악하여 갈등의 핵심으로 돌진해 가는 양식이라고 한다면 시란 문제를 파악하기 전의 혼란 자체를 그대로 드러낼 수 있는 양식이다. 따라서 연극에 비해 시는 들끓고 있는 첨예한 현장을 논리가 아니라 감정으로 바로 드러낼 수밖에 없다. 소상공인으로 살아가면서 팬데믹을 직접적으로 맞닥뜨려야 하는 데서 시가 최선의 표현 방식이라고 생각한 이유가 뭘까. 팬데믹 현상에 어떻게 대처해야 할지 알 수 없는 현실에서 주체는 당장 불안과 초조에 빠질 수밖에 없을 것인데 시인은 왜 굳이 시를 선택했을까.

길 건너 문 닫힌 오프 타임off time 패션숍에서
마네킹은 아직도 여름옷을 입고
도도하게 창밖을 내다본다

숍 안에서는 여름이 내내 길어지고
밖에서 은행은 저 홀로 익어
턱, 턱,
낙엽의 시간으로 떨어지고

흥정이 사라진 거리
가끔이라도 켜지던 조명도 없는
오프 타임

턱까지 차오른 숨비소리가
계절을 흔든다

-「오프 타임」 부분

주변에 문 닫힌 가게들이 늘어나는 골목에서 작은 숍을 운영하고 있는 시인은 자신의 가게도 언제 문 닫을지 모르는 현실에 '턱까지 차오른 숨비소리'를 느끼고 있다. 팬데믹이 자신에게까지 직접적으로 다가와 숨비소리를 내는 사람들을 보면서 시인은 왜 시일 수밖에 없다고 생각했을까. 정확히 이름 붙일 수 없을 때 악! 소리를 내거나 혹은 저, 저, 어, 어, 원초적인 말을 뱉을 때 내는 것이 시이다. 시는 두서없이 내뱉는 소리다. 시인은 이 악! 하고 내지르는 소리로 표현하려고 했던 것인가. 그래서 조반느 시인은 불가피하게 시를 쓸 수밖에 없었을까.

그것은 그의 시 속에 그대로 나타나기도 한다. 불확실함이 지배하는 현실에서 시적 주체는 끊임없이 흔들린다. 불확실한 현실에서 '나'는 어디를 어떻게 걸어가야 하는지 몰라 끊임없이 흔들린다. 내일은 말할 것도 없고 '오늘에 무사히 도달할 수 있을까'(「지하철은 샌드위치를 먹는다」) 의심하고 방이 기울어지고, 몸이 관이 되기도 한다. 그만큼 의식은 어디에도 머무르지 못하고 가는 길을 확정하지도 못해 머릿속은 뒤숭숭하다.(「모자를 쓰자」)

깊고 무거운 숨소리가 유리문 가득
덕지덕지 얼룩져 있다
달맞이 꽃 같던 알전구는 하루살이 얼룩으로 까맣다
고기에 인생을 걸었다던 정육점 고씨는
며칠째 보이지 않고

길어지는 코로나 터널의 끝이 보이지 않아
발자국이 지워진 보도블록 사이사이
개여뀌가 뭉성뭉성
초록 이끼는 담벼락에서 지도를 넓혀간다

기다랗고, 길고 긴 장마

여름을 잃은 바다
물구나무 서는 길
새들조차 전선 위에서 외줄타기를 한다

-「정육점 고씨의 여름」 부분

동네에서 정육점을 운영하는 고씨는 코로나 터널을 건너지 못해 폐업을 했고, 바다는 여름을 잃었다. 코로나가 기승을 부려 아무도 내일을 기약할 수 없는 현실에서는 '새들조차도 전선 위에서 외줄타기를 한다'. 하지만 팬데믹의 위협은 밖의 풍경만아 아니라 나에게도 직접적으로 다가온다. 팬데믹은 너나 할 것 없이 '배려도 싸가지도 없'이 닥쳐오기 때문이다.

달력에서 월세를 내는 말일이 제일 먼저 찾아온다
걸어와도 되건만 항상 뛰어온다
문 앞에 수북이 공과금이 기다리는데
새치기도 잘한다

위풍당당함이 얄밉다
배려도 싸가지도 없다

마스크로 번진 코로나 일상 속
잠든 거리

A4 하얀 종이 위에서 반듯하게 불침번을 서고 있는
'임대' 글자 밑엔
초조해 하던 전화번호가 꾸벅꾸벅 졸고
투명한 유리는 글자를 버겁게 업고 있다
개구리 빨판처럼 붙은 종이 짝이
브로드웨이 간판인 양 전염 되어가니
초여름 햇살에도
가슴에 닭살이 돋는다

-「코로나 블루」 부분

동네 가게들 여기저기에 붙은 '임대'를 보면서 시인은 월세가 무섭고 공과금을 무서워한다. 그래서 여름 햇살에도 '가슴에 닭살이 돋는다.' 그리고 폐업이 언젠가 자신에게도 닥칠지 몰라 '하루하루 간당간당' '가슴에 닭살이 돋'기도 하고 '눈을 부릅뜨고 몸을 비'틀며 견딘다.

코로나가 휩쓸고 간 거리
하루하루 간당간당
벽에 걸려 있는 명태가 눈을 부릅뜨고 몸을 비튼다

가게의 잠긴 문 사이로 어둠이 흘러내린다
찢어진 바람이 분다
어디쯤일지 알 수 없는 곳곳에
크레바스가 숨어 있다
(중략)
플라타너스가 잘리고
머리카락이 잘리고
옆집 청년은 직장에서 잘리고
여기저기 무단 투기된 사람들

언젠간 잘려나갈

-「무지외반증」 부분

'투기된 사람들'을 보면서 자신도 '언젠간 잘려나갈' 것을 안다. 코로나 터널을 건너지 못하면 자신도 언제 이 사회에서 퇴출될지도 모른다는 생각에 '오늘'에 도달하려고 애를 쓴다. 내일에 대한 희망보다도 '오늘'에 도달하려는 의식은 병적이다. 그래서 '나는 오늘도 배우를 꿈'(「인형의 집」)꾸기도 하고, '오늘로 무사히 도달할 수 있을까'(「지하철은 샌드위치를 먹는다」) 의심하며 '오늘의 운세를 뒤적'(「양꼬치와 초콜릿」)이고, '오늘을 삼키면 내일이 올까'(「엉겅퀴 꽃」) 해보기도 하다가, '오늘은 어떻게 건너야 할까'(「히말라야 깡총거미」) 걱정한다. 오늘에 대한 이런 걱정은 '내일의 횡단보도가 보이지 않'(「거울 방」)기 때문이다. 오늘에 대한 강박

관념은 시 도처에서 보인다. 내일이 더 이상 오지 않을지 몰라 오늘에 집착하는 불안은 시적 주체를 밤에서 밤으로 다니게 한다.

> 밤이 이슥해지면
> 카페 안을 내내 서성이는
> 발자국 소리
>
> -「카페 프라하」 부분

> 지는 달을 보며 나갔다가 뜬 달을 보고 돌아오면
> 몸에서 빨간불이, 꿈벅꿈벅
> 김빠지기 직전 압력밥솥이다
> 몸에서 탄내가 난다
>
> -「팔당에서 저만치」 부분

> 나뭇가지에 간당간당 매달려 흔들리는 햇살이
> 꽃잎을 떨군 채
> 바람 옷을 입고 좁은 골목 비집고 숨지만 어둠에게 잡힌다.
>
> -「봄날·숍 1」 부분

'오늘'을 유지하기 위해서 '몸에서 탄내'가 나도록 어둠 속으로만 다니고 골목으로 숨지만 '나'는 금세 들키고 만다. 그만큼 자신에 대한 희망은 없다. 낮은 불안하고 밤늦게까지 가게를 지키며 밤 속을 걷지만 밤은 한없이 얕아져 꿈조차 꿀 수 없다.(「달그림자」) 늦은 밤까지 일해도 불안을 떨쳐 내지 못한 시적 주체인 '나'에 대해 부정적 인식으로 팽배해 있다. '없다' '않다'나 '~일까' '~을까' 등과 같이 불확정적인 말투가 많은 것도 이 때문이다. 뿐만 아니라 자신의 존재조차도 의심한다.

번호 키를 눌러 봐요!

손가락 사이로 흘러내리는 숫자들

-「빈집」 부분

날씬해 보이나요. 거울 속에 비춰 보면 내가 아닌 거 같아

-「말言語」 부분

애매함은 뱉지도 삼키지도 못한다
마음대로 버려지지도 않고 꽉 막혀버린
머리통을 망치로 두들기고 싶다

-「두통」 부분

검은 호수 카라쿨, 물고기가 살 수 없는
(중략)
가시에 걸려 있는
숨소리,

-「중환자실 양구 씨」 부분

우리의 관계는

천국일까 지옥일까

-「징검다리」 부분

나는 '내가 아닌 것 같'고, '가시에 걸려 있는' 것 같고, 머리통을 부숴 버리고 싶게 현실의 거미줄에 걸려 있다고 생각한다. 이런 현실에서 도저히 빠져나갈 수 있는 길을 찾지 못해 허우적댄다. 시인은 이런 현실 인식은 관계 속에서 불통의 언어로도 나타난다.

2

조반느 시인의 시에는 대화적인 표현이 많다. 아마도 이는 그가 오랫동안 연극을 했기 때문일 것이다. 하지만 그에 못지않게 불통의 현실을 드러내려고 하기 때문이다. 팬데믹으로 인해 사회적 거리두기는 관계의 거리두기로 발전해 마음은 더 이상 가까워질 수 없게 되었다. 이 마음의 거리두기로 인해 사람과 사람 사이에 소통은 사라지고, 대화를 한다 해도 동문서답이 많고, 대화 참여자들이 자기 말만 하는 경우가 많다.

햇빛이 우주의 말이라면
죽은 사람의 말은 어떻게 적나요
동문서답이야말로 진실이에요
마음에 가라앉은 것들에서
삐죽이 나온 말은 새싹일까 구더기일까

남은 말은 군말이 되기도 하지만
진실이 되기도 한다
얼굴을 바꾼 거잖아요

속도위반을 하는 말이 있다
금세라도 울먹일 것만 같은
무거운 말들은 냄비에 졸아들어 새까매지고
수입산 말들은 커피 잔에 둥둥 떠다니죠
중천장 하늘에 가득 낀 목소리들

-「말言語」 부분

동문서답이 진실되고, 따라서 말은 얼굴을 바꾸고 속도위반을 하고, '무거운 말'은 졸아들고, '수입산 말'은 둥둥 떠다닌다. 본래 말이란 상대의 가슴이나 머릿속으로 직진해야 한다. 그러나 시인의 말에 대한 인식은 끊임없이 겉돌아 '눈을 깜박여'야 하고 '고개를 돌려봐'야 한다. 상대가 뱉는 말은 끊임없이 겉돌아 비껴간다. 그래서 사람과 사람 사이에는 마주보기가 없어지고 같이 있어도 멀다.

마주 보는 두 개의 문
한 집에 있는데도 멀리 있다

너와 나
귀와 귀가 마주하는
나란히 걷는 두 사람

교통사고 다발 구간에 서 있는 미수
오른쪽으로 가세요 푯말을 읽으며 왼쪽으로 간다

-「시츄에이션 A」 부분

너와 나의 관계는 과거처럼 진실 되지 못하고 거리는 멀어져 한 집에 있어도 멀리 있고, 걸어도 평행이며, 가는 방향조차도 정반대다. 그리고 결국에는 '너는 벽이 무너진다, 를 눈을 감는다, 라고 듣는다'(「벽」). 결국 말은 번역해야만 알아들을 수 있는 지경에까지 이른다. 그래서 말들은 나뒹굴고(「중환자실 양구 씨」), 물구나무를 서, 입보다 손가락이 먼저 말을 하고, '머리보다 먼저 발이 종종거'(「모자를 쓰자」)린다. 따라서 동문서답이 가장 진실 된 말이 되었다.

새가 우는 걸까요
노래하는 거겠죠
밤으로 가는 기차를 타본 적 있어요
소설 말이에요?
영화예요
한밤에 옥상 위에 올라가서 하늘을 쳐다봐요
밤새가 날던가요
우편함을 찾는지도
목소리를 죽인 소리들이 전선에 주렁주렁 매달려 있죠

-「달그림자」 부분

이와 같은 불통의 현실에서 시인은 역설의 길을 찾는다. 어둠이 오히려 편안할 수 있기 때문이며, 어둠 속에서 잠으로 나아갈 수 있기 때문이다. 잠은 현실을 잊게 해주고, 깨어 있는 시간과는 다른 또 다른 세계다. 잠에는 꿈이 있기 때문이다.

3

자신에 대한, 혹은 현실에 대한 부정적 인식은 그를 어둠 속으로만 다니게 하고, '그림자 진 곳마다 눈길이 뜨겁게'(「은어」) 한다. 하지만 어둠이 오히려 편안하다. 왜냐하면 그 속에서는 잠을 만날 수 있고, 잠을 통해 꿈을 꿀 수 있기 때문이다. 그래서 잠 없는 잠을 기다리기도 한다.

잠 없는 잠 속에서 기다리고 있는
한 사람

뒤숭숭할수록 꿈은 많아지고
깊은 잠속으로 발가락이 길어지고

나는 지금 회귀 중이다

-「은어」 부분

잠은 구원으로 가는 길이다. 잠은 휴식이면서 꿈으로 가는 통로이고, 현실 너머로 가는 매개다. 따라서 어둠 속으로

만 걷는 시인은 그 어둠 속에서 잠을 찾으려고 애쓴다. 늘 잠이 모자라기 때문에 잠을 꿈꾸기도 하지만 그 잠은 현실 도피이면서 또 다른 세계로 건너 갈 수 있는 통로, 즉 매개다.

> 널뛰던 고양이가 온몸으로
> 발을 쓰다듬어
> 잠의 계단을 밟으면 천국일까 다락일까

-「마네킹」 부분

> 잠들고 싶은 거니 그냥 눈을 감고 싶은 거니
> 아니면 눕고 싶은 거야
> 눈을 감고 있다가 잠들고 싶어
> 소금과 설탕을 고루고루 뿌려줘
> 단짠 단짠 맛나게 자게

-「벽」 부분

낮은 곳곳에 '크레바스가 숨어 있어'(「무지외반증」) 불안하지만 가족의 버팀목인 가게를 유지하려고 온 힘을 다 쏟는다. 하지만 '일을 하다 보면/ 개도 만나고 소도 만나고/ 아주 가끔/ 인간도 만나 멍멍 짖어대'(「벽」), 크레바스를 밟을지도 모르는 불안은 가시지 않아 집으로 가는 길은 늘 어둠 속이다. 그래서 '집에 가면 인형이 내 옷을 입고 있다/ 나보다 더 나답다/ 나도 저랬으면…/ 남편이 눈을 흘긴다/ 나일까 그녀일까/ 나는 가끔 나의 밖에서 떠'돌아(「인형의 집」)

남편은 나를 잘 알아보지 못한다. 그래도 잠은 현실을 잊고 '단짠단짠' 달콤하게 해 준다.

잠과 비슷한 매개가 비와 커피, 그리고 시다. 잠이 꿈꿀 수 있는 매개라면 비나 커피, 혹은 시는 '잠 없는 잠'(「은어」)에서 꾸는 백일몽으로 인도하는 매개다.

부글거리던 물이 고요하게 고인다
커피 잔에 하루가 고인다

빗소리를 만날 시간이다

-「오늘은 블랙이 좋겠어」 부분

비는 바다로 흘러갈까
콜라 병이 비를 모은다
저만치 카페 프라하가 손짓한다

-「성북천」 부분

손을 뻗어봐 이름을 불러봐
나의 벽은 내가 되고 너의 벽은 네가 돼
벽을 친다고 쓰고 치운다, 라고 읽으면
빗속에서 무지개가 뜬다

-「벽」 부분

늦은 밤
어둡고 후미진 길을 따라 귀가해

골방에서 시를 쓴다

알전구가 떠도는 잠속을 헤엄치다 보면
물고기 눈이 말똥말똥
하품으로 해먹을 만들어 물고기를 재우고
다시 시를 쓴다

-「잠으로 쓴 시」 부분

아무도 읽지 않는 시집을 사들고 왔는데 아무렇게나 굴러다니다가
유명해지기를 기다리더니
이미 유명한 책들 사이에 낑겨 있는 걸 물끄러미 본다

차라리 검은 곰돌이가 될 거야
달걀보단 암탉을 꿈꾸는 시인이 되려고

그래도 시를 써

-「시인」 부분

백일몽이나 비, 혹은 물과 밤의 색깔이 있는 커피, 그리고 시는 시적 주체를 꿈꾸게 해준다. 비와 커피가 물의 매개를 통해서 꿈으로 나아가는 것이라면 시는 불안한 그의 물과 유사한 속성의 내면을 꿈으로 이동시켜준다. 그렇다면 시인은 왜 꿈을 꾸려고 할까. 꿈은 자유롭게 유영할 수 있기 때문이다. 시인은 「은어」에서 회귀를 통해 행복했던 날들에 대

해 꿈꾼다. 그것은 동화적 세계이다. 행복했던 어린 시절로 돌아가는 것, 그것이 곧 회귀이다. 그 어린 시절이 꼭 행복했기 때문이 아니라 현실 너머의 세계로 가기 위해서다. 그래서 시인은 동네 여기저기를 다니며 '추억놀이'(「정릉에는 무덤새가 없다」)를 한다. 그리고 「대추나무에 걸린 것들」이나 「옛집」에서 어떤 시보다 길게 사설조로 늘어놓는다. 이는 시인이 시적 긴장감보다는 꿈꾸기를 하고 있다는 뜻이다.

> 여덟 살 아이는, 오늘
> 엄마가 못 살아본 나이를 살면서
> 살랑살랑 치맛자락 바람결에 날리며
> 따사로운 햇살 가디건에 가득 담는다
>
> -「대추나무에 걸린 것들」 부분

시인은 불안한 오늘 속에서 여덟 살 아이로 회귀하여 '따사로운 햇살 가디건에 가득 담'아 보고 싶어한다. 이는 팬데믹의 불안한 현실을 넘기 위한 낭만적 방식이며, 그 너머의 길 찾기이다. 팬데믹 속에서 주변에 많은 가게가 문 닫는 걸 보면서 밤 속으로만 다니다가 꿈을 찾아 잠, 빗속, 시 속에서 결국 따뜻한 꿈속의 옛정을 찾아간다. 그리고 결국에는 거기에서 순수의 세계를 만난다. 그리고 결국 「오늘은 꽃병을 사야겠다」나 「성북천」 「다육이」 「능소화」와 같은 시들에 이른다.

연초록 별들이 내려앉은
버드나무에서
쏟아지는 오렌지 부스러기

회색 가지 위 낭창낭창
목련은 발레리나

붉은 수수 물에 하얀 거품 버무려
소복이 앉힌
라일락 우듬지

쑥쑥 물드는
연초록 발자국

물오른 가지마다
번지는 스와로브스키

-「오늘은 꽃병을 사야겠다」 전문

4

다시 처음으로 돌아가, 조반느 시인은 왜 팬데믹에 시로 전환했을까? 아마도 그것은 논리적으로 현재의 상황에 대결할 수 있는 힘이 부족했기 때문일 것이다. 연극은 줄거리가 있는 감정적 저항이 가능할 때 만날 수 있는 양식이지만 시는 그와 같은 줄거리를 가질 수 없을 때, 즉 욱! 하는 몸부림으로 표현하려고 할 때 나타난다. 그렇게 볼 때 조반느 시인이 연극에서 시로 전환한 것은 필연적일 수밖에 없었을 것이다. 왜냐하면 당장 현장 속에서 앞뒤를 볼 수 없는 암흑에 갇혀 있기 때문이다. 시의 길은 길 없는 숲에서 길 찾기 하는 것과 같다. 주체는 불안하고 혼란스럽다. 말을 걸어보면 대답은 엉뚱하게 돌아오고, 그렇다고 새벽은 쉬 올 것 같지 않고…. 이러한 상황 속에서 시인은 어둠이 될 수밖에 없다. 그것은 어둠을 운명으로 받아들이는 일이다. 어둠 속에서 길을 찾는 일은 꿈꾸는 일이다. 잠은 어둠에 적응하는 방식이다. 잠은 물과 같은 속성이 있다. 구원, 재생의 매개다. 잠 속에는 꿈이 있고, 시가 있다. 따라서 시인은 꿈과 시를 통해서 어린 시절로 돌아가는 동화적 세계로 회귀한다. 그는 어머니의 세계, 모천母川으로 헤엄쳐 가는 물고기가 되고 싶어 한다. 그것이 그가 시를 쓰는 이유다.

## 오늘은 꽃병을 사야겠다

찍은날 2023년 4월 5일
펴낸날 2023년 4월 10일
지은이 조반느
펴낸이 박몽구
펴낸곳 도서출판 시와문화
주 소 13955 경기 안양시 동안구 경수대로883번길 33, 103동 204호(비산동, 꿈에그린아파트)
전 화 (031)452-4992
E-mail poetpak@naver.com
등록번호 제2007-000005호(2007년 2월 13일)
ISBN 978-89-94833-90-3(03810)

정 가 12,000원